A+ books
BILINGÜE/BILINGUAL

Animales opuestos/Animal Opposites

Suaves y ásperos

Un libro de animales opuestos

Smooth and Rough

An Animal Opposites Book

por/by Lisa Bullard

Traducción/Translation: Dr. Martín Luis Guzmán Ferrer
Editor Consultor/Consulting Editor: Dra. Gail Saunders-Smith
Consultor en contenidos/Content Consultant: Zoological Society of San Diego

Capstone press

Mankato, Minnesota

Some animals have smooth fur or slippery skin. Other animals have rough skin or bumpy shells. Let's learn about smooth and rough by looking at animals around the world.

Algunos animales tienen la piel suave o
resbalosa. Otros animales tienen la piel áspera
o un caparazón rugoso. Vamos a aprender
sobre lo suave y lo áspero observando a
los animales del mundo.

Smooth/Suaves

Tree frogs have smooth, moist skin.

Las ranas de árbol tienen la piel suave y húmeda.

Rough/Ásperos

American toads have rough, bumpy skin.

El sapo americano tiene la piel áspera y rugosa.

Smooth/Suaves

Platypuses have smooth fur everywhere except on their bills and feet.

Los ornitorrincos tienen la piel suave en todo el cuerpo, menos en las patas y el pico.

Platypuses and echidnas are mammals that lay eggs.

Los ornitorrincos y los equidnas son mamíferos que ponen huevos.

Rough/Ásperos

Echidnas are rough and spiny. Some people call them spiny anteaters.

Los equidnas son ásperos y espinosos. A veces les dicen "osos hormigueros espinosos".

Smooth/Suaves

Sea otters have smooth fur that keeps them warm in cold water.

Las nutrias marinas tienen una piel suavecita que las mantiene calientes en las aguas frías.

Rough/Ásperos

Rough shells protect the soft bodies of crabs.

Unos caparazones ásperos protegen los cuerpos suaves de los cangrejos.

Smooth/Suaves

Butterflies fly with smooth, brightly colored wings.

Las mariposas vuelan con alas suaves y de colores brillantes.

Rough/Ásperos

Rough spines help protect caterpillars from danger.

A caterpillar is not a caterpillar forever. Through metamorphosis it changes into a beautiful butterfly.

Una oruga no es una oruga para siempre. Por metamorfosis se convierte en una hermosa mariposa.

Las orugas tienen unas espinas ásperas que las protegen del peligro.

Smooth/Suaves

Golden lion tamarins have smooth, silky fur. These monkeys swing through rain forest trees.

El tití león dorado tiene la piel suavecita y sedosa. Estos monos se columpian en los árboles de la selva.

Rough/Ásperos

Caimans have rough, bumpy skin. They swim in rain forest rivers and lakes.

Los caimanes tienen la piel áspera y rugosa. Nadan en los ríos y las lagunas de la selva.

Smooth/Suaves

Smooth skin helps dolphins swim quickly through water.

La piel suave de los delfines los ayuda a nadar muy rápido en el agua.

Rough/Ásperos

Rough spines protect porcupine fish. Bigger fish stay away from their spikes.

Unas espinas ásperas protegen al pez erizo. Los peces más grandes se alejan de estas espinas.

Smooth/Suaves

Koalas have smooth fur. These fuzzy animals live in Australia's trees.

Los koalas tienen la piel suavecita. Estos animales, como de peluche, viven en los árboles australianos.

Rough/Ásperos

Thorny devil lizards live
in Australia's deserts.
Rough, dry skin protects
them from the hot sun.

Los moloch o lagartos
diablo, que viven en
los desiertos de Australia,
están llenos de espinas.
Su piel, áspera y seca,
los protege del caliente sol.

Smooth/Suaves

Smooth, thick fur keeps snow leopards warm as they hunt.

Una piel suave y gruesa mantiene calentito al leopardo de las nieves mientras caza.

Rough/Ásperos

Rough spines protect hedgehogs
from other animals. They look
too prickly to eat.

Unas espinas ásperas protegen
al erizo de otros animales.
Se ve demasiado espinoso
como para comérselo.

A hedgehog curls up in
a ball when it's scared.

El erizo se hace una
bola cuando se asusta.

Smooth/Suaves

Jellyfish are smooth and squishy. But don't touch one. They sting.

Las medusas son suavecitas y parece que uno puede apretujarlas. Pero no las vayas a tocar porque pican.

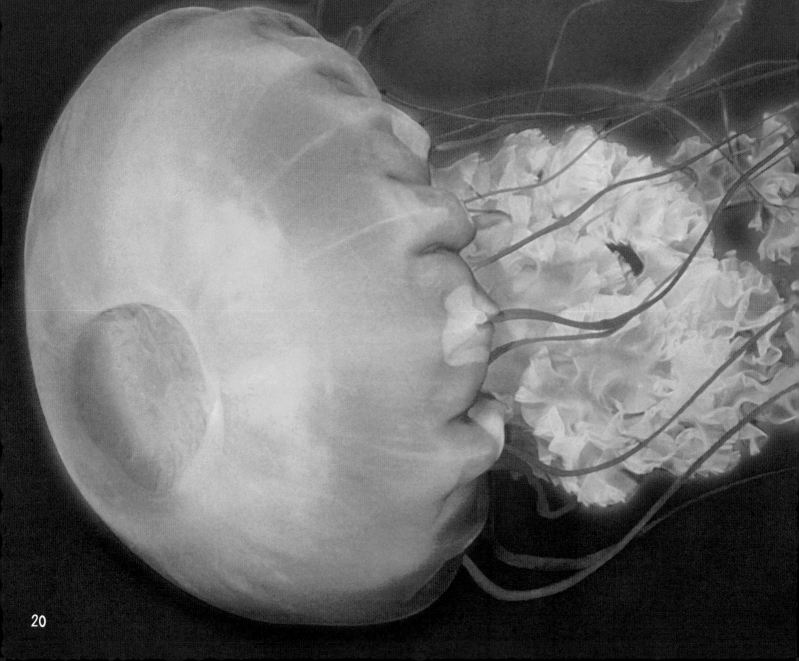

Rough/Ásperos

Sea stars usually have rough skin. They are also called star fish.

Las estrellas de mar generalmente tienen la piel áspera. También se conocen como peces estrella.

If a sea star loses an arm, it grows a new one.

Si la estrella de mar pierde un brazo, le crece uno nuevo.

Smooth/Suaves

Minks are smooth.
Fur keeps these
mammals warm.

Los visones
son suavecitos.
La piel mantiene
calentitos a
estos mamíferos.

Rough/Ásperos

Porcupines are rough. Sharp quills cover most of these mammals' bodies.

El puercoespín es áspero. Filosas púas cubren el cuerpo de estos mamíferos.

23

Smooth/Suaves

Smooth scales help pythons slither across the ground.

Unas suaves escamas les sirven a las serpientes pitón para deslizarse por el suelo.

Rough/Ásperos

Rough, bumpy tortoises crawl slowly along the ground.

Las tortugas, ásperas y rugosas, se arrastran lentamente por el suelo.

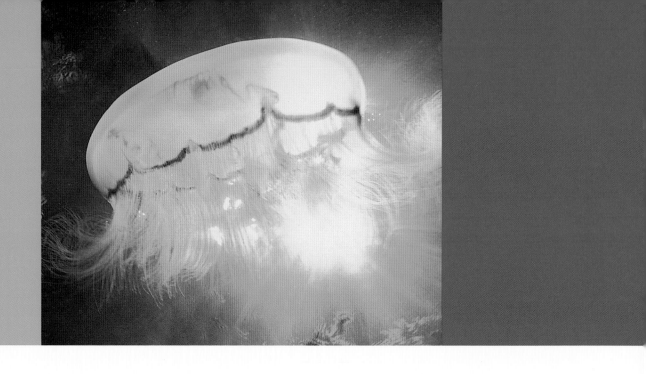

Some animals have smooth fur to stay warm and dry. Others are slick and slippery. Some animals carry around rough, bumpy shells. Others have sharp, prickly spines to keep them safe. What kinds of smooth and rough animals live near you?

Algunos animales tienen la piel suave para mantenerse abrigados y secos. Otros son resbalosos y húmedos. Algunos animales tienen un caparazón áspero y rugoso. Otros tienen espinas filosas y puntiagudas para mantenerse a salvo. ¿Qué clase de animales suaves o ásperos viven cerca de ti?

Did You Know?
¿Sabías que?

Many rough animals have their skeletons on the outside of their bodies. Some of these animals are crabs, grasshoppers, lobsters, and scorpions.

Muchos de los animales ásperos tienen el esqueleto fuera del cuerpo. Algunos de estos animales son el cangrejo, el saltamontes, la langosta y el escorpión.

If hedgehogs fall while climbing trees, they can walk away unhurt. Their spines protect them when they hit the ground.

Si los erizos se caen cuando escalan árboles, tranquilamente se van caminando sin hacerse daño. Sus espinas los protegen cuando pegan contra el suelo.

Snow leopards and other cats have smooth fur but rough tongues. Cats clean their fur with their rough tongues. A snow leopard also uses its rough tongue to lick meat off the bones of its prey.

Los leopardos de la nieve y otros felinos tienen la piel suave pero la lengua áspera. Los felinos se limpian la piel con sus lenguas ásperas. El leopardo de las nieves también usa su lengua áspera para quitar la carne de los huesos de sus presas.

Frogs don't have to drink water. They take water in through their smooth skin.

Las ranas no necesitan beber agua. Toman agua a través de su suave piel.

Prickly quills make it hard for animals to attack porcupines. But some animals, such as bobcats, flip porcupines over. They bite the porcupine's soft underside.

Las púas puntiagudas hacen difícil que otros animales ataquen al puercoespín. Pero algunos animales, como los linces, ponen a los puercoespines boca arriba. Así pueden morderles la parte suave de abajo.

Glossary

mammal — a warm-blooded animal that has a backbone and feeds milk to its young; mammals also have hair; most mammals give live birth to their young.

metamorphosis — the physical changes some animals go through as they develop from eggs to adults

moist — slightly wet

prey — an animal hunted by another animal

quill — a long, pointed spine of a porcupine or hedgehog

scale — one of the small, hard plates that cover the body of a snake

spine — a sharp, pointed growth on an animal

Internet Sites

FactHound offers a safe, fun way to find Internet sites related to this book. All of the sites on FactHound have been researched by our staff.

Here's how:

1. Visit *www.facthound.com*

2. Choose your grade level.

3. Type in this book ID **1429623926** for age-appropriate sites. You may also browse subjects by clicking on letters, or by clicking on pictures and words.

4. Click on the **Fetch It** button.

FactHound will fetch the best sites for you!

Glosario

la escama — una de las placas pequeñas y duras que cubren el cuerpo de la serpiente

la espina — protuberancia filosa y puntiaguda en un animal

húmedo — ligeramente mojado

el mamífero — animal de sangre caliente con columna vertebral que alimenta a sus crías con leche; los mamíferos también tienen pelo; la mayoría de los mamíferos da a luz a sus crías.

la metamorfosis — cambio físico por el que pasan algunos animales mientras cambian de huevo a adulto

la presa — animal que es cazado por otro animal

la púa — espina larga y puntiaguda del puercoespín o del erizo

Sitios de Internet

FactHound te brinda una manera divertida y segura de encontrar sitios de Internet relacionados con este libro. Hemos investigado todos los sitios de FactHound. Es posible que algunos sitios no estén en español.

Se hace así:

1. Visita *www.facthound.com*

2. Elige tu grado escolar.

3. Introduce este código especial **1429623926** para ver sitios apropiados a tu edad, o usa una palabra relacionada con este libro para hacer una búsqueda general.

4. Haz un clic en el botón **Fetch It**.

¡FactHound buscará los mejores sitios para ti!

Index

Índice

A+ Books are published by Capstone Press,
151 Good Counsel Drive, P.O. Box 669, Mankato, Minnesota 56002.
www.capstonepub.com

Library of Congress Cataloging-in-Publication Data
Bullard, Lisa.
  [Smooth and rough. Spanish & English]
  Suaves y ásperos : Un libro de animales opuestos = Smooth and rough : an animal opposites book / por/by Lisa Bullard.
    p. cm. — (Animales opuestos = Animal opposites)
  Added t.p. title: Smooth and rough
  Includes index.
  ISBN-13: 978-1-4296-2392-6 (hardcover)
  ISBN-10: 1-4296-2392-6 (hardcover)
  I. Title. II. Title: Smooth and rough. III. Series.
QL941.B8518 2009
573.5 — dc22   2008003588

Summary: Brief text introduces the concepts of smooth and rough, comparing some animals that are rough with some animals that are smooth — in both English and Spanish.

Credits
Erika L. Shores, editor; Eida del Risco, Spanish copy editor; Biner Design, designer; Kia Adams, set designer; Kelly Garvin, photo researcher; Scott Thoms, photo editor

Photo Credits
Ann & Rob Simpson, 5; Bill Johnson, 10; Brand X Pictures, 27 (bottom); Bruce Coleman Inc./Hans Reinhard, 13, 19; Bruce Coleman Inc./Lynn M. Stone, 22; Corbis/Eric and David Hosking, 24; Corbis/Stephen Frink, cover (right), 15; Corbis/Theo Allofs, 17; Corel, 1 (left), 2 (top); Digital Vision, 27 (top left); Digital Vision/Gerry Ellis, 2 (bottom), 26 (bottom); Digital Vision/Gerry Ellis & Michael Durham, 1 (center and right), 3 (top, bottom); Digital Vision/Stephen Frink, 26 (top); Gail Shumway, cover (left); Getty Images Inc./John Warden, 16; Getty Images Inc./Tim Flach, 4; KAC Productions/John & Gloria Tveten, 11; Nature Picture Library/Dave Watts, 6; Pete Carmichael, 23; Photodisc/G. K. & Vikki Hart, 3 (middle), 27 (top right); Seapics.com/Mark Conlin, 9; Tom & Pat Leeson, 8, 12, 14, 18, 21; Tom Stack & Associates Inc./Brian Parker, 20; Tom Stack & Associates Inc./Dave Watts, 7; Tom Stack & Associates Inc./Joe McDonald, 25

Note to Parents, Teachers, and Librarians
This Animales opuestos/Animal Opposites book uses full-color photographs and a nonfiction format to introduce children to the concepts of smooth and rough in both English and Spanish. Suaves y ásperos/Smooth and Rough is designed to be read aloud to a pre-reader or to be read independently by an early reader. Photographs help listeners and early readers understand the text and concepts discussed. The book encourages further learning by including the following sections: Did You Know?, Glossary, Internet Sites, and Index. Early readers may need assistance using these features.

Printed in the United States of America in Stevens Point, Wisconsin.
082011   006349R